Nur ein Geheimnis des Lebens

Khalil Gibran

Nur ein Geheimnis des Lebens

Über den Tod und die Hoffnung darüber hinaus

Ausgewählt und übersetzt von
Ursula und Simon Yussuf Assaf

Patmos Verlag

Inhalt

Vorwort

In seinem 19. Lebensjahr wurde Khalil Gibran heftig mit dem Tod konfrontiert: Innerhalb eines Jahres starben seine Lieblingsschwester Sultana, sein Halbbruder Butros, der mit seinem kleinen Textilladen für den Lebensunterhalt der Familie sorgte, und Kamila, seine über alles geliebte Mutter, die ihm auch Freundin und Ratgeberin gewesen war. In seiner Trauer und Trostlosigkeit klagte er: »Gott ist gestorben, als Sultana starb!« und bezüglich des Todes seiner Mutter: »Mein Leben ist jetzt mit ihr begraben!«

Dann setzte er sich hin und malte ein Bild von der toten Kamila, das den Titel trägt: *Der Unendlichkeit entgegen*. Trotz aller Trauer um den Verlust seiner Lieben hat der Tod für Gibran nicht das letzte Wort, ist nicht Endstation des Lebens; Kamila ist unterwegs zu einem neuen, ewigen Leben, zur Fülle des Lebens, zur Unendlichkeit.

In seinem Buch *Eine Träne und ein Lächeln* ist häufig die Rede vom Tod. Dieses im Jahr 1914 erschienene Werk vereint 56 Artikel, die er ab 1904 – also unmittelbar nach seiner bitteren Leidenszeit – in der Zeitschrift *al-Muhajir (Der Emigrant)* veröffentlichte. Umso erstaunlicher ist der merkwürdige Titel eines Textes aus dieser Sammlung: *Die Schönheit des Todes*. Er mahnt darin seine Freunde, seinen Tod nicht zu beklagen sondern zu feiern: »Entfernt das Leintuch von meinem Körper und bedeckt ihn mit Lilien und Jasmin! Hört auf zu klagen, Freunde, sondern stimmt Lieder der Freude und der Jugend an! Tragt keine schwarzen Trauerkleider, legt vielmehr Festtagskleider an zur Feier der Ewigkeit!«

An seiner Grabstätte im Kellergewölbe des ehemaligen Klosters Mar Sarkis bei Bcharre, das jetzt das Gibran-Museum beherbergt, steht an der Wand neben seinem Sarg der Text aus *Eine Träne und ein Lächeln*: »Sprecht nicht mit Bedauern über meinen Tod! Schließt eure Augen, und ihr werdet mich unter euch sehen, jetzt, morgen und immer.«

Im Text *Der Geier und der Tod* (in *Der Vorbote*) befreit der Geier, der eine Metapher für den Tod ist, die im Käfig des Körpers eingesperrte Seele, sodass sie sich frei in den Himmel emporschwingen kann. Für Gibran ist die Seele – ähnlich wie bei den Sufis – das eigentliche größere Ich, der göttliche Funke im Menschen, der, aus dem Gefängnis des Körpers befreit, seine Reise zur ewigen Heimat antritt. Deshalb ist der Tod nicht Anlass zur Trauer und Klage, sondern Grund zum Feiern und zur Freude.

Auf die Grabinschrift des Dichters John Keats »Hier ruhen die sterblichen Überreste dessen, der seinen Namen mit Wasser geschrieben hat« reagiert Gibran mit seinem Text *Die feurigen Buchstaben* (in *Eine Träne und ein Lächeln*), in dem er sich fragt: »Wird der Tod alles vernichten, was wir aufgebaut haben, und der Wind alles zerstreuen, was wir sagten?« Und er antwortet: »Nein, bei meinem Leben, die Wahrheit des Lebens ist das Leben, ein Leben, das nicht im Mutterschoß beginnt und das nicht im Grab endet. Alles, was wir in diesem Leben gesehen und getan haben, hat Bestand in Gott.« Oft hat Gibran in Texten und Briefen seine Ansicht zum Ausdruck gebracht, dass weder ein Gedanke noch eine Geste im Kosmos verlorengehen – geschweige denn das Leben eines Menschen.

Zum Tode seines Vaters schreibt er Mary Haskell im Brief vom 23. Juni 1909 aus Paris: »Ich weiß nun, liebe Mary, dass er am Herzen Gottes ruht«, und von den anderen verstorbenen Familienangehörigen heißt es in diesem Brief: »Sie leben ein wirklicheres und schöneres Leben ... Sie sind Gott näher als wir.«

Der maronitische Christ Gibran, der in seinem Stammbaum muslimisch-alawitische Vorfahren aufweisen kann, ist vertraut mit dem Glauben der Alawiten und Drusen an die Reinkarnation (Seelenwanderung). Dieser Glaube besagt, dass ein Menschenleben im Allgemeinen nicht ausreicht, um zur Vollkommenheit zu gelangen, und dass die meisten Menschen mehrere Leben zu durchleben haben, um ihr »größeres Ich« zu verwirklichen. Einige Drusen sind sogar der Ansicht, dass böse Menschen in einem zweiten Leben als Tiere zur Welt kommen können, aber das ist nicht die Ansicht der »ukkal«, der Eingeweihten dieser Geheimreligion. Im Werk *Die Rückkehr des Propheten* heißt es am Ende bezüglich der Reinkarnation: »Zusammen werden wir über dem Meer schweben / bis zum zweiten Tag des Lebens, / wenn die Morgendämmerung dich als Tautropfen / in einen Garten legt / und mich als Säugling an die Brust einer Frau.«

In Paris, wo Mary Haskell ihm einen zweijährigen Studienaufenthalt finanziert hat, schreibt er zu seinem 25. Geburtstag ein langes Prosagedicht. Gibran wird sich wohl seines frühen Todes bewusst gewesen sein, wenn er darin diesen 25. Geburtstag als Mitte seines Lebens bezeichnet. Tatsächlich starb er am 10. April 1931, dem Karfreitag der Orthodoxen, mit 48 Jahren in New York. Jahre zuvor hatte er über seinen Tod meditierend geschrieben: »Nun habe ich den Gipfel des Berges erreicht, und mein Geist schwebt in einer Atmosphäre von Freiheit und Erlösung« und »Die Stimmen der Menschen sind verstummt, und ich höre nichts als die Hymne der Ewigkeit.« In seinem bekanntesten Werk *Der Prophet* bittet al-Mitra al-Mustapha, über den Tod zu sprechen. Und er sagt: »Was bedeutet das Stocken des Atems anderes als seine Befreiung vom rastlosen Auf und Ab der Gezeiten, um sich zu erheben und ungehindert Gott zu suchen« und »In der Tiefe eures Hoffens und Wünschens liegt euer stillschweigendes Wissen vom Jenseits. Traut euren Träumen, denn sie zeigen euch das Tor zur Ewigkeit.«

Ursula Assaf

»Lass die Liebe den Tod besiegen«

Abschiedliches

»Erbarme dich, große Astarte! Erbarme dich, Göttin der Liebe und Schönheit! Hab Mitleid mit mir, und entferne die Hand des Todes von meiner Geliebten, die meine Seele erwählte, um deinen Willen zu erfüllen. Die Heilkünste und Heilmittel der Ärzte haben ihr nicht geholfen, und die Zauberformeln der Priester und Weisen waren vergebens. Nun bleibt mir nur noch, deinen heiligen Namen anzurufen und dich um Beistand zu bitten. Schau auf mein bußfertiges Herz und erhöre mein Gebet! Lass die Geliebte, die ein Teil meiner Seele ist, leben, damit wir uns an den Geheimnissen deiner Liebe erfreuen und über die Schönheit der Jugend frohlocken, dir zum Ruhm und zur Ehre. Aus der Tiefe meiner Seele rufe ich zu dir, heilige Astarte. In der Dunkelheit dieser Nacht suche ich den Beistand deiner Huld und Gnade. Höre mein Rufen! Ich bin dein Diener Nathan, der Sohn deines Priesters Hiram, der sein Leben für den Dienst an deinem Altar geopfert hat. Ich liebe ein Mädchen und habe sie zur Gefährtin meines Lebens erwählt. Doch die Djinnenbräute waren eifersüchtig auf uns und hauchten ihr eine seltsame Krankheit ein. Sie schickten ihr den Boten des Todes, damit er sie in ihre Hexenhöhlen brächte. Wie ein hungriger Tiger liegt er neben ihrem Bett, breitet seine schwarzen Schwingen über sie und streckt seine schmutzigen Hände nach ihr aus, um sie meinem Herzen zu entreißen. Deshalb komme ich zu dir, große Astarte. Erbarme dich meiner, und lass sie leben! Sie ist eine Blume, die den Sommer ihres Lebens noch nicht gekostet hat; sie ist ein Vogel, dessen fröhliches Morgenlied unversehens zum Schweigen gebracht wird … Rette uns, du wundertätige Göttin, und lass die Liebe den Tod besiegen, denn du bist die Herrin über beide, über den Tod und über die Liebe.«

Die Nymphen der Täler 31ff.

»Die Götter rufen mich, Bräutigam meiner Seele, und der Tod kommt, uns zu trennen. Klagt nicht, denn der Wille der Götter ist heilig, und die Forderungen des Todes sind gerecht. Ich gehe jetzt, aber die Kelche der Liebe und der Jugend bleiben gefüllt in unseren Händen, und der Weg eines gemeinsamen Lebens liegt noch vor uns. Ich entferne mich zu den Gefilden des Geistes, Geliebter, aber ich werde in diese Welt zurückkehren! Die große Astarte bringt die Seelen der Liebenden in dieses Leben zurück, wenn sie in die Ewigkeit gerufen werden, bevor sie die Wonnen der Liebe und das Glück der Jugend geschmeckt haben. Wir werden uns wieder sehen, Nathan, und zusammen den Morgentau aus den

Kelchen der Narzissen schlürfen und uns mit den Vögeln der Felder unter der Sonne erfreuen.
Auf Wiedersehen, Geliebter!«

Die Nymphen der Täler 33f.

Dies ist der steile Weg, auf dem ich schritt, bis ich den Gipfel des Glückes erreichte; und wenn nun der Tod käme, um mich abzuholen, so stünde mein Geist furchtlos und voller Hoffnung vor dem Thron des Höchsten; und wenn die Hüllen meines Gewissens vor dem großen Richter fallen würden, so zeigte es sich sicher rein und makellos wie der Schnee, denn ich tat nichts anderes, als was meine Seele wollte, die aus Gott hervorgegangen ist. Niemand anderem bin ich gefolgt als dem Ruf des Herzens und dem Echo der Engelchöre.

Rebellische Geister 92.

»Jetzt wo ich alt und bejahrt bin, erscheint mir das Glück des Alters unter den Flügeln eines sanften Todes. Trauere nicht um mich, mein Kind, ich habe lange genug gelebt, um dich als Frau heranwachsen zu sehen, und es ist meine Genugtuung, dass ich nach meinem Tod in dir weiterleben werde. So ist es gleichgültig, ob ich heute, morgen oder übermorgen aufbrechen werde, denn unsere Tage sind wie Herbstblätter, die fallen und wieder wachsen vor dem Angesicht der Sonne. Und wenn ich der Stunde des Todes freudig entgegeneile, so ist es, weil ich mich nach der Wiederbegegnung mit deiner Mutter sehne.«

Gebrochene Flügel 246f.

»Lass mich nun in Frieden scheiden, mein Kind! Meine Augen haben geschaut, was hinter den Wolken ist, und sie lassen sich nicht mehr ablenken durch die Höhlen dieser Erde. Lass mich aufbrechen und davonfliegen, denn die Flügel meiner Seele haben die Stäbe dieses Käfigs schon zerbrochen. Deine Mutter ruft mich, Salma, halte mich nicht zurück! Der Wind hat sich gelegt, und der Nebel löst sich allmählich über dem Meer auf. Mein Schiff hat die Segel gehisst, ich bin bereit für die Überfahrt. Verzögere die Reise nicht und drehe das Steuerruder nicht herum! Lass meinen Körper bei denen ruhen, die mir auf diese Reise vorangegangen sind! Lass meinen Geist aufwachen, denn das Morgenrot schimmert schon, und der Schlaf ist beendet! Gib mir einen Kuss und vergieß keine Tränen bitterer Trauer über meiner Leiche, damit die Pflanzen auf meinem Grab nicht davor zurückschrecken, ihre Stoffe aufzunehmen. Weine auch nicht über meinen Händen, denn sie könnten als Dornen aus dem Grab wachsen! Lass weder mit Öl noch mit Salbe magische Zeichen auf meine Stirn schreiben, denn die Brise der Morgendämmerung könnte sie im Vorbeiziehen lesen und sich weigern, meine Asche auf die grünen Wiesen zu tragen. Ich habe dich im Leben geliebt, meine Tochter, ich werde dich auch im Tod lieben, und mein Geist wird um dich bleiben und dich behüten und beschützen.«

Gebrochene Flügel 250f.

»Holt keinen Arzt, der versuchen könnte, durch seine Kunst meine Gefangenschaft zu verlängern, denn die Zeit der Knechtschaft ist vorbei, und mein Geist sehnt sich nach der Freiheit! Ruft auch nicht nach einem Priester, denn seine Totengebete können weder meine Schuld sühnen, wenn ich ein Sünder war, noch meine Schritte ins Paradies beschleunigen, wenn ich rechtschaffen war. Der Wille des Menschen kann Gottes Willen ebenso wenig beugen, wie ein Astrologe den Lauf der Sterne ändern kann. Erst wenn ich gestorben bin, lasst Ärzte und Priester kommen, denn dann ist mein Schiff schon unterwegs – ans andere Ufer.«

Gebrochene Flügel 251f.

»Nur Liebe und Tod ändern die Dinge«

Aphorismen

Das Leben ist schwächer als der Tod, und der Tod ist schwächer als die Liebe!

Rebellische Geister 119f.

Das Leben ist der Schatten des Todes.

Eine Träne und ein Lächeln 306.

Wenn die Erde atmet, leben wir; wenn sie ihren Atem anhält, sterben wir.

Erde und Seele 754.

Nur Liebe und Tod ändern die Dinge.

Sand und Schaum 941.

Der Tod ist immer eine Offenbarung.

Sand und Schaum 947.

Du wirst ganz freundlich zu deinem Feind sein, wenn ihr beide im Sterben liegt.

Sand und Schaum 955.

Hass ist eine tote Sache. Wer von euch möchte ein Grabmal sein?

Sand und Schaum 959.

Vor tausend Jahren sagte mein Nachbar zu mir: »Ich hasse das Leben, weil es nichts als Schmerz ist.«
Und gestern kam ich an einem Friedhof vorbei und sah auf seinem Grab das Leben tanzen.

Sand und Schaum 960.

Der Tod ist nicht näher bei den Bejahrten als bei den Neugeborenen; das Leben auch nicht.

Sand und Schaum 961.

Möglicherweise ist ein Begräbnis unter Menschen ein Hochzeitsfest unter Engeln.

Sand und Schaum 962.

Ich sagte zum Leben: »Ich möchte den Tod sprechen hören.« Und das Leben redete ein wenig lauter und sagte: »Jetzt hörst du ihn.«

Sand und Schaum 965.

Wenn du alle Geheimnisse des Lebens gelöst hast, sehnst du dich nach dem Tod, denn er ist nur ein anderes Geheimnis des Lebens.
Geburt und Tod sind die beiden edelsten Ausdrücke für Tapferkeit.

Sand und Schaum 965.

Verlangen ist das halbe Leben; Gleichgültigkeit der halbe Tod.

Sand und Schaum 969.

Die Trauer über die Toten ist eine der großen Irrlehren, die uns vergangene Epochen überlieferten.

Gebrochene Flügel 251.

»Drücke mich an dein liebevolles Herz«

Geschichten

In der Stadt der Toten

Gestern entzog ich mich dem Lärm der Stadt und wanderte hinaus durch die stillen Fluren, bis ich einen Hügel erreichte, den die Natur mit dem schönsten Gewand geschmückt hatte. Dort hielt ich an und blickte auf die Stadt mit ihren hochragenden Gebäuden und prächtigen Palästen unter einer dichten Wolke von Rauch, der aus den Fabriken kam.

Ich setzte mich hin, und aus der Entfernung dachte ich nach über das Tun des Menschen. Ich kam zu dem Ergebnis, dass Mühen und Plagen den größten Teil seines Lebens ausmachten. Dann wandte ich meine Gedanken vom Menschen ab und richtete meinen Blick auf die Felder, dem Throne Gottes. In der Ferne entdeckte ich einen kleinen Friedhof mit Marmorgräbern, der von Zypressen umgeben war.

Da saß ich nun zwischen der Stadt der Lebenden und der Stadt der Toten und machte mir Gedanken über das rastlose Tun und den ständigen Kampf in der einen und über die ungestörte Ruhe in der anderen Stadt. Auf einer Seite Hoffnung und Verzweiflung, Liebe und Hass, Reichtum und Armut, Glaube und Ablehnung, auf der anderen Seite Staub im Staub. Und die Natur macht das

Verborgene sichtbar. Im Schweigen der Nacht verwandelt sie es in Pflanzen, dann in Tiere.
Während ich noch darüber nachdachte, erblickte ich eine Menschenmenge, die sich gemessenen Schrittes vorwärtsbewegte. Vor ihnen zog eine Musikkapelle, die die Atmosphäre mit getragener Musik erfüllte. Ihr folgten die Mächtigen und Angesehenen der Stadt. Offenbar die Beerdigung eines Reichen. Dem Sarg des Toten folgten die Lebenden weinend und klagend. Die Prozession erreichte die Grabstätte. Die Priester traten hervor und beteten, indem sie ihre Weihrauchfässer schwenkten. Die Musiker standen abseits und bliesen in ihre Hörner. Dann traten die Grabredner vor und hielten Trauerreden. Zuletzt huldigten die Dichter dem Verstorbenen mit wohlgesetzten Worten. Alles vollzog sich ruhig und würdevoll. Nach einer Weile entfernte sich die Menge von dem Grab, dem sich die Totengräber näherten. Um die Grabstätte herum lagen prachtvolle Blumenkränze, die geschickte Hände angefertigt hatten. Die Menschen kehrten zur Stadt zurück, und ich betrachtete sie nachdenklich aus der Ferne. Die Sonne näherte sich dem Untergang, und die Schatten der Felsen und Bäume wurden länger. Die Natur war damit beschäftigt, ihr Kleid aus Licht abzulegen.

In diesem Augenblick sah ich zwei Männer, die einen Holzsarg trugen. Hinter ihnen ging eine Frau in einem abgetragenen Kleid, die einen Säugling auf ihrer Schulter trug. Neben ihnen lief ein Hund her, der mal auf sie, mal auf den Sarg schaute. Das war das Begräbnis eines Armen. Ihm folgten eine Frau, die Tränen der Trauer vergießt, ein Kind, das weint, weil seine Mutter weint, und ein treuer Hund, der verzweifelt neben ihnen läuft. Sie erreichten die Grabstätte und versenkten den Sarg in eine kleine Grube in einer entlegenen Ecke des Friedhofs – weit entfernt von den prächtigen Marmorgräbern. Dann gingen sie still zurück. Der Hund schaute noch ab und zu zum Platz, wo man seinen Freund zurückgelassen hatte, bis sie hinter Bäumen verschwanden.
Ich betrachtete die Stadt der Lebenden und sagte mir: »Diese ist für die Reichen und Mächtigen!«
Dann schaute ich auf die Stadt der Toten und dachte: »Auch jene ist für die Reichen und Mächtigen! Wo ist die Heimat der Armen und Schwachen, o Herr?« Während ich diese Frage stellte, blickte ich auf die Wolken am Himmel, deren Ränder von den Strahlen der Sonne golden gefärbt waren, und ich hörte eine Stimme in meinem Innern antworten: »Dort!«

Eine Träne und ein Lächeln 297ff.

Eines Dichters Tod ist sein Leben

Die Flügel der Nacht legten ihre Schatten auf die Stadt, und der Schnee hüllte sie in ein weißes Gewand. Die Menschen flohen von den Straßen und Plätzen in ihre Nester. Ein Sturm erhob sich und fegte durch die Stadt. Erst an den marmornen Gräbern des Friedhofs hielt er an und stimmte eine Totenklage an.

Am Rande dieser Stadt stand ein ärmliches Haus, auf dessen zerfallenen Mauern eine dicke Schneeschicht lastete, so dass sie einzustürzen drohten. Drinnen in einer Ecke lag auf einem schäbigen Bett ein Sterbender, der das schwache Licht einer Öllampe betrachtete, das mit der Finsternis kämpfte und sie besiegte. Der Sterbende war im Frühling seines Lebens. Er wusste von der kurzen Frist, die ihm bis zur Befreiung aus den Fesseln des Lebens blieb, und er erwartete sein Schicksal. Auf seinem blassen Gesicht lag ein Schimmer der Hoffnung, auf seinen Lippen ein trauriges Lächeln.

Dieser Jüngling war ein Dichter. Er war in die Welt gekommen, um das Herz der Menschen durch seine Worte zu erfreuen. Nun starb er vor Hunger in der Stadt der Reichen. Er war eine edle Seele, ausgesandt von der Güte Gottes, um das Leben der Menschen zu verschönern, und er nahm Abschied von unserer Welt, bevor ihre Bewohner ihn beachtet und ihm ein Lächeln geschenkt hatten. Während er seine letzten Atemzüge tat, war niemand bei ihm außer der Öllampe, der treuen Begleiterin seiner Einsamkeit, und einigen Seiten Papier, auf denen er die Eingebungen seines Geistes festgehalten hatte.

Der Jüngling sammelte den Rest seiner schwindenden Kräfte, erhob seine Hände zum Himmel und wandte seine welken Augenlider nach oben, als ob er mit seinen letzten Blicken das Dach seiner ärmlichen Hütte durchdringen wollte, um die Sterne hinter den Wolken zu sehen. Dann sagte er:

»Komm, schöner Tod, meine Seele sehnt sich nach dir! Komm und löse die Bande der Materie. Ich bin es leid, sie mit mir herumzutragen. Komm, süßer Tod, und rette mich vor den Menschen, die mich als Fremdling behandeln, weil ich das, was ich von den Engeln hörte, in eine menschliche Sprache übersetzte. Eile zu mir, Tod, denn die Menschen haben mich verlassen und mich ausgestoßen in eine Ecke des Vergessens, weil ich nicht wie sie nach Geld strebe und mich nicht der Menschen bediene, die schwächer sind als ich. Komm, süßer Tod, und hole mich zu dir, denn die Kinder dieser Erde brauchen mich nicht. Drücke mich an dein liebevolles Herz, und küsse meine Lippen, die weder den Kuss meiner Mutter kosteten noch den einer Geliebten und die nicht das Gesicht einer Schwester berührten. Eile zu mir, und küsse du mich, geliebter Tod!«

In diesem Augenblick erschien neben dem Bett des sterbenden Jünglings eine schöne Frau, welche die Schönheit aller menschlichen Frauen in den Schatten stellte. Sie trug ein Gewand, so weiß wie der Schnee, und in ihrer Hand hielt sie einen Kranz aus Lilien, der auf himmlischen Feldern gewachsen war. Dann näherte sie sich dem Jüngling, küsste seine Lippen zärtlich und hinterließ auf ihnen ein zufriedenes Lächeln.

Da wurde die Hütte leer, und die einzigen Spuren seiner Existenz auf Erden waren einige beschriebene Blätter, die verstreut in einer Ecke lagen.

Epochen vergingen, und die Bewohner dieser Stadt waren versunken in einen Winterschlaf des Unwissens. Als sie schließlich wach wurden und das Morgenrot der Erkenntnis erblickten, errichteten sie für den Dichter in der Mitte des Marktplatzes eine große Statue, und jedes Jahr feierten sie ihm zu Ehren ein Fest ... Wie unwissend ist der Mensch!

Eine Träne und ein Lächeln 300ff.

Das menschliche Herz

Inmitten eines fruchtbaren Feldes, am Ufer eines kristallklaren Baches sah ich einen Vogelkäfig, der von einer geschickten Hand angefertigt war. In einer Ecke des Käfigs lag ein toter Vogel, und in einer anderen Ecke standen ein leerer Wasserbehälter und ein Behälter ohne Körner.

Ich blieb stehen und lauschte ehrfürchtig, als ob der tote Vogel und das Rauschen des Baches eine verborgene Lehre enthielten, die ich zu entschlüsseln hätte. Ich sah, dass dieser arme Vogel neben einem wasserreichen Bach verdurstet und dass er inmitten eines reichen Feldes, der Wiege des Lebens, verhungert war, so wie ein Reicher, hinter dem die Türen seines Tresors zugefallen sind, inmitten seines Goldes stirbt.

Nach einer Weile sah ich, wie sich der Käfig in ein menschliches Skelett verwandelte und der tote Vogel in ein menschliches Herz, das eine tiefe Wunde hatte, aus der scharlachrotes Blut floss; diese Wunde glich den Lippen einer traurigen Frau.

Auf einmal hörte ich eine Stimme aus der blutenden Wunde sagen: »Ich bin das menschliche Herz, ein Gefangener der Materie und ein Opfer der Gesetze der Menschen. Inmitten des Feldes der Schönheit und am

Ufer der Quellen des Lebens bin ich gefangen im Käfig der Gesetze, die der Mensch geschaffen hat. In der Wiege der Schönheit der Schöpfung und in den Armen der Liebe starb ich vernachlässigt, denn die Früchte jener Schönheit und der Ertrag dieser Liebe waren mir verwehrt. Alles, was ich leidenschaftlich begehrte, war nach Meinung der Menschen Schande, und alles, wonach ich mich sehnte, war nach ihrem Urteil eine Schmach.

Ich bin das menschliche Herz, eingesperrt im Dunkel der Gesetze der Gemeinschaft, so dass ich schwach und kraftlos wurde, gefesselt in den Ketten der Verleumdung, bis ich dem Tode nahe war und unbeachtet liegengelassen in den Winkeln der Verlockungen menschlicher Zivilisation, bis ich starb. Und die Zunge der Menschheit schwieg, ihre Augen blieben trocken, und sie lachte.«

Ich hörte diese Worte, die zusammen mit den Blutstropfen aus dem verletzten Herzen hervorströmten. Danach sah und hörte ich nichts mehr, und ich kehrte in meine Wirklichkeit zurück.

Eine Träne und ein Lächeln 311f.

Zwischen den Ruinen

Der Mond bedeckte die Gärten der Stadt der Sonne [Baalbeck] mit einem silbernen Schleier, und allenthalben herrschte Ruhe.

Die riesige Ruinenstätte glich einem Koloss, der sich über die gewöhnlichen Nächte mokiert.

In diesem Augenblick tauchten aus dem Nichts zwei Schatten auf – wie eine Luftspiegelung, die sich aus einem blauen See erhebt. Die beiden setzten sich auf eine Marmorsäule, welche die Zeit aus einem der großartigen Gebäude herausgelöst hatte, und sie überließen sich dem Zauber dieses Platzes.

Nach einer Weile hob eine der beiden Silhouetten ihren Kopf und sagte mit einer Stimme, die einem Echo glich, das aus entfernten Tälern kommt:

»Dies sind die Reste der Tempel, die ich für dich erbauen ließ, meine Geliebte, und dort ist der Palast, den ich zu deiner Freude errichten ließ. Alles wurde zerstört, und nichts blieb übrig als diese Spuren, die den Völkern von jener Ehre künden, für die ich mein Leben opferte, um sie zu verbreiten, und von jener Macht, wozu ich die Schwachen benutzte, um sie zu vermehren.

Schau, meine Geliebte, die Elemente der Natur haben die Stadt besiegt, die ich erbauen ließ. Die Generationen schätzten die Weisheit, die ich sah, gering, und das Königreich, das ich gründete, geriet in Vergessenheit. Nichts bleibt mir als ein paar Augenblicke der Liebe, die deine Schönheit ins Leben rief und die Schönheit, die deine Liebe mir schenkte.

In Jerusalem ließ ich einen Tempel für dich erbauen; die Priester weihten ihn, und die Zeit zerstörte ihn. Dann errichtete ich in meinem Innern einen Tempel für die Liebe; Gott weihte ihn, und keine Macht der Welt konnte ihn zerstören.

Ich verbrachte mein Leben damit, mich über die äußeren Erscheinungen der Dinge zu informieren und die Eigenschaften der Materie zu befragen. Und die Menschen sagten: Wie weise ist dieser König! Doch die Engel sprachen: Wie gering ist seine Weisheit!

Dann sah ich dich, meine Geliebte; ich habe dich besungen mit einem Lied der Liebe und der Sehnsucht. Die Engel freuten sich; aber die Menschen nahmen keine Notiz von meinem Gesang...

Die Tage meines Besitzes waren für mich wie ein Hindernis zwischen meiner dürstenden Seele und dem Geist der Schönheit, der in der Schöpfung lebt. Als ich dich sah, erwachte die Liebe in mir und zerstörte alle Schranken. Da bereute ich das Leben, wie ich es bisher verbracht hatte, und zwar in Hoffnungslosigkeit und Mattheit, weil ich glaubte, dass alle Dinge unter der Sonne nichtig sind. Ich legte mir eine Rüstung an und schmiedete einen Schild, und die Stämme fürchteten mich. Doch als die Liebe mich erleuchtete, wurde ich selbst von meinem Volk verachtet. Und als der Tod kam, versenkte er Rüstung und Schild in die Erde und trug meine Liebe zu Gott.«

Nach einer Weile der Stille sagte der zweite Schatten: »So wie die Blume ihren Duft und ihr Leben aus der Erde erhält, so empfängt die Seele aus der schwachen, schuldverstrickten Materie Kraft und Weisheit.«

In diesem Moment vereinten sich die beiden Silhouetten zu einem einzigen Schatten, der sich fortbewegte. Und der Wind verbreitete folgende Worte: »Die Ewigkeit bewahrt nur die Liebe, weil sie von gleicher Natur ist.«

Eine Träne und ein Lächeln 317f.

Als der Lärm der Menschenmenge in den Straßen verebbte, drückte die Arme ihr Neugeborenes an ihre Brust, schaute in seine glänzenden Augen und weinte bitterlich, als ob sie das Kind mit ihren heißen Tränen taufen wollte. Und mit einer Stimme, die einen Felsen zu spalten vermag, sagte sie:

»Warum, mein Liebling, bist du aus der Welt des Geistes hierher gekommen? War es der Wunsch, mein bitteres Leben mit dir zu teilen, oder war es Mitleid mit meiner Schwachheit? Warum hast du die Engel und das grenzenlose Firmament verlassen, um in dieses beengte, elende und niedrige Leben zu kommen? Ich habe nichts außer Tränen, mein Einziger; kannst du dich von ihnen ernähren statt von Milch? Und können meine nackten Arme dich anstelle von gewebten Stoffen bekleiden? Die kleinen Tiere weiden auf frischem grünem Gras und übernachten in sicheren Höhlen, und die jungen Vögel picken überall Körner auf und schlafen friedlich zwischen den Zweigen der Bäume ... Du aber, mein armes Kind, hast nichts anderes als meine Seufzer und meine Schwachheit.«

Bei diesen Worten drückte sie ihr Kind an sich, als ob sie aus ihren beiden Körpern einen einzigen machen wollte. Sie hob ihre Augen zum Himmel und rief:

»Herr, hab Erbarmen mit uns!« Und als die Wolken das Gesicht des Mondes enthüllten, drangen seine silbernen Strahlen durch das Fenster in die armselige Hütte und fielen auf zwei leblose Körper.

Eine Träne und ein Lächeln 355.

Zwei Wünsche

In der Stille der Nacht stieg der Tod – von Gott gesandt – auf die schlafende Stadt hinab und ließ sich auf dem höchsten Turm nieder. Er blickte mit seinen durchdringenden Augen durch die Wände der Häuser und sah in ihrem Innern Geister, die auf den Schwingen des Todes schwebten, während ihre Körper dem Schlaf hingegeben waren.

Als das Licht des Mondes beim Nahen der Morgenröte verblasste, welche die Stadt mit einem zauberhaften Umhang bekleidete, da ging der Tod auf Zehenspitzen durch die Wohnviertel, bis er das Schloss eines reichen Mannes erreichte. Er betrat es, und niemand stellte sich ihm in den Weg. Am Bett des reichen Mannes blieb er stehen und berührte seine Stirn. Erschrocken erwachte der Schläfer, und als er den Tod an seiner Seite erblickte, schrie er:

»Hinweg, schrecklicher Traum! Entferne dich, du böser Geist! Wie kommst du hier ins Haus, du Einbrecher, und was willst du von mir? Ich bin der Herr dieses Hauses, und wenn du nicht sofort verschwindest, werde ich meine Diener und Wächter rufen, damit sie dich in Stücke zerreißen!«

Da trat der Tod näher und sagte mit einer Stimme, die wie Donner klang:
»Ich bin der Tod. Wähle deine Worte, wenn du mit mir sprichst, und sei ehrfürchtig!«
»Was willst du von mir, Tod?« fragte der Reiche. »Warum kommst du ausgerechnet jetzt, wo mein Werk noch unvollendet ist? Was willst du von einem kräftigen und mächtigen Mann wie mir? Geh zu den Kranken und Siechen und verschone mich mit dem Anblick deiner Raubtierkrallen und deiner Haare, die wie Schlangen von deinem Kopf hängen! Geh, denn ich will mir deine großen Flügel und deinen greisen Körper nicht länger ansehen!«
Nach einer Weile unerträglichen Schweigens fuhr er fort:
»Nein, nein, barmherziger Tod, achte nicht auf meine Worte, welche die Angst mir eingab und die mein Herz mir verbietet! Nimm von meinem Gold soviel du willst, oder nimm die Seele von einem meiner Sklaven, aber lass mich leben! In meinem Leben blieb noch so vieles unerledigt: da gibt es Menschen, die mir Geld schulden, und ich muss es noch eintreiben, auf hoher See gibt es zahlreiche Schiffe, die noch nicht in den Hafen eingelaufen sind und ihre Waren noch nicht gelöscht haben, in der Erde ruhen reiche Erträge, die ich noch nicht ern-

ten ließ. Nimm von allem, was du willst, aber lass mich in Ruhe!
Wähle dir eine meiner Konkubinen aus, die so schön sind wie der Morgen. Auch habe ich einen einzigen Sohn, o Tod, der meine große Hoffnung ist. Nimm ihn statt meiner. Nimm alles, was du willst und was ich habe, aber lass mich leben!«
Der Tod legte seine Hand auf den Mund dieses Sklaven des irdischen Lebens, nahm ihn und übergab ihn der Luft.
Dann ging er weiter zum Viertel der Armen. Er durchquerte es, bis er eine armselige Hütte erreichte. Er trat ein und stellte sich neben das Bett, in dem ein Jüngling schlief. Nachdem der Tod sein friedliches Gesicht eine Weile betrachtet hatte, berührte er seine Augen, und der Jüngling erwachte.
Als er den Tod an seinem Bett stehen sah, fiel er auf die Knie nieder, streckte seine Arme nach ihm aus und sagte mit einer Stimme voller Liebe und Sehnsucht:
»Hier bin ich, schöner Tod! Nimm meine Seele, du Ziel meiner Träume und Hoffnungen. Umarme mich, Geliebter meiner Seele! Du bist barmherzig und lässt mich nicht im Stich. Du Bote Gottes und rechte Hand des Schicksals, lass mich nicht hier. Wie lange habe ich dich gesucht, ohne dich zu finden, und wie oft habe ich nach

dir gerufen, ohne dass du mich hörtest. Nun bist du da. Weise mich nicht zurück, sondern umarme meine Seele, geliebter Tod!«

Da legte der Tod seine Fingerspitzen sanft auf die Lippen des Jünglings und umfing ihn mit seinen Flügeln.

Und als der Tod wieder in der Luft schwebte, schaute er auf die Erde hinab und sagte:

»Wahrlich, wer nicht aus dem Unendlichen kommt, wird nicht in die Unendlichkeit zurückkehren!«

Eine Träne und ein Lächeln 389ff.

Rückkehr des Geliebten

Kaum war die Nacht angebrochen, da flohen die Feinde – verwundet von Schwertern und durchbohrt von Lanzen. Die Sieger kehrten hinter dem Banner des Triumphes zurück. Sie stimmten Siegeshymnen an, während die Hufe ihrer Pferde, die auf den steinigen Wegen des Tales hallten, ihren Gesang begleiteten.

Der Mond war hinter Fam al-Mizab aufgegangen; die Felsen erhoben sich mit den Herzen der Menschen himmelwärts, und der Zedernhain erschien wie ein Orden, den vergangene Generationen an die Brust des Libanon geheftet hatten.

Singend zogen sie durch das Tal; das Mondlicht spiegelte sich in ihren blanken Waffen, und aus entfernten Höhlen klang das Echo ihrer Siegeshymnen. Als sie eine Anhöhe erreicht hatten, vernahmen sie das Wiehern eines Pferdes, das inmitten der grauen Felsen stand und aussah, als ob es aus dem Felsgestein gehauen wäre. Die Soldaten näherten sich dem Pferd und entdeckten neben ihm auf dem Boden einen blutüberströmten Leichnam.

»Zeig mir das Schwert!« rief der Anführer der Gruppe, »und ich werde euch sagen, wer er ist.«

Einige Reiter stiegen von ihren Pferden und umgaben den Toten. Nach einer Weile wandte sich einer von ihnen an den Anführer und sagte mit rauer Stimme:

»Seine Finger umklammern den Schaft des Schwertes mit aller Kraft. Es wäre schändlich, es ihm wegzunehmen.«

Ein anderer sagte: »Das Schwert ist blutüberströmt, und man kann das Metall nicht erkennen.«

Und ein dritter sagte: »Das Blut am Griff ist bereits geronnen, und die Schneidefläche und sein Arm sind eins geworden.«

Da stieg der Anführer von seinem Pferd, näherte sich dem Toten und sagte:

»Hebt seinen Kopf, und lasst den Mond sein Gesicht bescheinen!«

Die Soldaten taten, wie ihnen befohlen war, und durch den Schleier des Todes erschien das Gesicht des Toten, auf dem sich Züge von Mut, Tapferkeit und Ausdauer zeigten, das Gesicht eines Ritters, das ohne zu reden von seiner Kühnheit spricht, ein besorgtes und zugleich frohes Gesicht; das Gesicht eines Mannes, der dem Feind tapfer entgegentritt und dem Tod lächelnd begegnet, das Gesicht eines libanesischen Helden, der an diesem Tag an einer Schlacht teilgenommen hatte, die für seine Truppen siegreich verlaufen war, doch ihm war es nicht vergönnt gewesen, mit seinen Kameraden den Sieg zu feiern.

Als sie ihm seine Kopfbedeckung abgenommen und den Staub von seinem bleichen Gesicht entfernt hatten, rief der Anführer voll Schmerz:

»Das ist as-Sabi's Sohn! Welch ein Verlust!«

Die Soldaten wiederholten seufzend den Namen. Dann schwiegen sie, als ob ihre Herzen, die gerade noch trunken waren vom Wein des Sieges, auf einmal nüchtern geworden wären, denn der Verlust dieses Helden schien ihnen wichtiger zu sein als die Ehre des Sieges und ihr Stolz auf den Triumph.

Sie blieben stumm und unbeweglich stehen wie Marmorstatuen. Schweigen ist nämlich die Haltung, die der Tod in den Seelen der Helden bewirkt, während die

Frauen angesichts des Todes seufzen und klagen und die Kinder weinen und schreien. Für einen Mann des Schwertes aber geziemt es sich, im Angesicht des Todes schweigend zu verharren. Dieses Schweigen, das sein Herz erfasst wie die Krallen des Raben die Beute, erhebt sich über Tränen und Seufzer und vermehrt das Leid des Betroffenen. Dieses Schweigen lässt die Seele von den Gipfeln der Berge in die Tiefen des Tales hinabsteigen; es kündet die Ankunft des Sturmes an; wenn der Sturm aber ausbleibt, dann deshalb, weil das Schweigen stärker ist als er.

Sie entfernten das Gewand des toten Jünglings, um festzustellen, wo die Hand des Todes ihn getroffen hatte. Auf seiner Brust fanden sie von Lanzenstichen verursachte Wunden, die wie Lippen aussahen, welche im Schweigen der Nacht vom Mut dieses Helden berichteten.

Der Anführer kniete neben dem Leichnam nieder und entdeckte an seinem Handgelenk ein mit Goldfäden verziertes Tuch. Er betrachtete es und wusste, welche Hand die Seide gesponnen und welche Finger den Stoff gewebt hatten. Er verbarg das Tuch unter dem Gewand, zog sich zurück und bedeckte sein Gesicht mit zitternden Händen. Die Hand, die noch vor kurzem den Feinden die Köpfe abgeschlagen hatte, zitterte nun, weil sie den Rand eines seidenen Tuches berührt hatte, das liebende Hände um das Handgelenk eines Jünglings geknotet hatten, als dieser in die Schlacht zog. Nun war er gefallen und wird auf den Schultern seiner Kameraden zu ihr zurückkehren.

Und während die Seele des Anführers noch schwankte zwischen der Betrachtung der Schrecken des Todes und der Geheimnisse der Liebe, sagte einer seiner Soldaten:

»Kommt, graben wir ihm ein Grab unter dieser Eiche, damit ihre Wurzeln sein Blut trinken und die Zweige sich von seinen Überresten nähren, so wird sie stark und unsterblich

werden und ein Symbol sein für seinen Mut.«

Ein anderer riet:

»Tragen wir ihn zum Zedernwald und begraben ihn in der Nähe der Kirche. So werden seine Gebeine bis zum Ende der Zeit unter dem Schutz des Kreuzes stehen.«

Ein anderer schlug vor:

»Bestatten wir ihn hier, wo die Erde mit seinem Blut getränkt wurde. Lassen wir das Schwert in seiner Rechten und pflanzen wir die Lanzen um ihn auf. Dann lasst uns sein Pferd auf dem Grab töten, damit das Tier und die Waffen ihn in seiner Einsamkeit trösten.«

Ein anderer gab zu bedenken:

»Beerdigt kein Schwert, das vom Blut des Feindes befleckt ist, und tötet kein Pferd, das siegreich an einer Schlacht teilgenommen hat! Lasst seine Waffen nicht in der Einöde zurück, sondern bringt sie der Familie des Toten als das schönste Erbe von ihm!«

»Lasst uns vor ihm niederknien und das Gebet des Nazaräers sprechen«, sagte ein anderer, »so wird der Himmel ihm vergeben und unseren Sieg segnen.«

»Nehmen wir ihn auf die Schulter«, rief ein anderer, »und machen wir aus unseren Lanzen eine Bahre für ihn! So ziehen wir mit ihm durchs Tal, indem wir Siegeslieder anstimmen. Er wird die gefallenen Feinde sehen, und die Lippen seiner Wunden werden lächeln, bevor die Erde sie aufnimmt.«

Ein anderer sagte:

»Kommt, heben wir ihn auf den Sattel seines Pferdes und stützen ihn ab mit Totenköpfen der gefallenen Feinde. Wir geben ihm sein Schwert in die Hand und geleiten ihn im Siegeszug in sein Dorf. Bevor er sich dem Tod auslieferte, hat er ihm die Seelen zahlreicher Feinde zugeführt.«

Wieder ein anderer sagte:

»Lassen wir ihn hier am Abhang des Berges zurück! Das Echo der Grotten wird sein Begleiter sein, und das Rauschen des Baches wird ihn unterhalten. Seine Knochen werden in der Wildnis ruhen, wo sich die Nacht mit leisen Schritten nähert.«

»Nein«, widersprach ein anderer, »lasst ihn nicht hier in der Wildnis zurück, wo Einsamkeit und Verlassenheit herrschen! Bringen wir ihn lieber auf den Friedhof seines Dorfes! Dort werden die Geister der Ahnen seine Freunde sein; in den Nächten werden sie sich mit ihm unterhalten und ihm von ihren Kriegen und Siegen erzählen.«

So sprachen sie. Schließlich trat der Anführer in ihre Mitte und brachte sie mit einem Zeichen zum Schweigen. Dann seufzte er und sprach:

»Stört seine Seele nicht mit Erinnerungen an den Krieg, und erzählt seinem Geist, der über uns schwebt, nichts mehr von Schwertern und Lanzen! Tragen wir ihn vielmehr in aller Ruhe zu seinem Geburtsort, denn dort wartet eine liebende Seele auf seine Rückkehr; es ist die Seele eines Mädchens, das auf seine Heimkehr von der Schlacht hofft. Bringen wir ihn zurück, so dass sie ein letztes Mal sein Gesicht sehen und ihn auf seine Stirn küssen kann!«

Sie hoben ihn auf ihre Schultern, und mit gesenkten Blicken und geneigten Köpfen trugen sie ihn schweigend fort. Traurig folgte ihnen sein Pferd, das seine Zügel über den Boden schleifen ließ. Von Zeit zu Zeit stieß es

ein verzweifeltes Wiehern aus, das die Höhlen mit einem Echo beantworteten, als ob sie ein Herz hätten und Mitleid empfinden würden mit dem trauernden Tier.
So zog die Prozession durch das mondbeschienene Tal. Der Geist der Liebe führte sie an – mit gebrochenen Flügeln.

Eine Träne und ein Lächeln 425ff.

Der Totengräber

Als ich einst eine meiner toten Seelen begrub, trat der Totengräber zu mir und sagte: »Von allen, die hier ihre Toten begraben, mag ich nur dich.«
Ich sagte: »Du schmeichelst mir außerordentlich. Doch warum magst du mich?«
Da antwortete er: »Die anderen kommen wehklagend und gehen wehklagend. Nur du kommst lachend und gehst wieder lachend.«

Der Narr 514f

Jenseits des Schleiers

Um Mitternacht öffnete Rachel ihre Augen und starrte auf die Zimmerdecke; dann schloss sie sie wieder, und mit einer Stimme, die einem Windhauch glich, sagte sie: »Der Morgen hat schon das Tal erreicht. Lasst uns ihm entgegengehen!«

Nach einer Weile näherte sich der Priester ihrem Lager, berührte ihre Hände und stellte fest, dass sie kalt waren wie Eis; dann legte er seine Hand auf ihr Herz und bemerkte, dass es stumm war wie vergangene Zeiten. Er senkte seinen Kopf, und seine Lippen bebten, als ob er ein Zauberwort sprechen wollte, das die Geister der Nacht in jenem entfernten, verlassenen Tal wiederholen könnten. Dann kreuzte er die Arme der Toten auf ihrer Brust und blickte zu dem Mann, der in einer dunklen Ecke des Zimmers saß. Mit einer Stimme voller Anteilnahme und Sympathie sagte er zu ihm: »Deine Frau ist zu ihrem Schöpfer zurückgekehrt. Steh auf, Bruder, knie dich an meine Seite, und lass uns zusammen beten!«

Der Mann hob den Kopf; seine Augen weiteten sich, als hätte er im Zimmer den Schatten eines unbekannten Gottes gesehen. Dann erhob er sich, näherte sich langsam dem Lager seiner Frau, kniete sich neben dem

Priester nieder und begann zu schluchzen, während er sich von Zeit zu Zeit bekreuzigte.
Der Priester stand auf, legte seine Hand auf die Schulter des Mannes und forderte ihn auf: »Geh nun in dein Zimmer, Bruder, denn du brauchst Schlaf und Ruhe!«
Der Mann widersprach nicht. Er stand auf, ging in das gegenüberliegende Zimmer und ließ sich auf das Bett fallen, erschöpft von Kummer und langem Wachen. Es dauerte nicht eine Minute, da schlief er so fest wie ein Kind in den Armen seiner Mutter.

*

Doch der Priester stand wie eine Statue im Sterbezimmer und sah mit tränenfeuchten Augen auf die junge Tote, dann wandte er seine Blicke zu ihrem Mann, der im Nebenzimmer schlief.
So verging eine Stunde, die ihm länger erschien als ein Zeitalter und schrecklicher als der Tod; eine Stunde, in der er zwischen einem Mann und einer Frau stand, die beide schliefen: einem Mann, der den Schlaf eines Feldes schlief, das vom Frühling träumt, und einer Frau, die mit ihrer Vergangenheit schlief und den Traum der Ewigkeit träumte.

Da näherte sich der Priester der Toten und kniete vor ihrem Lager nieder wie vor einem Altar. Er nahm ihre kalte Hand und führte sie an seine zitternden Lippen. Er betrachtete ihr vom Schleier des Todes verhülltes Gesicht und sprach mit einer Stimme, die ruhig war wie die Nacht, tief wie das Meer und zitternd wie die Hoffnung der Menschen:

»O Rachel, Rachel, Schwester meiner Seele! Hör zu, Rachel, denn nun kann ich reden! Der Tod hat meine Lippen geöffnet, damit ich dir ein Geheimnis enthülle, das tiefer ist als der Tod. Das Leiden hat meine Zunge gelöst, damit ich dir etwas gestehe, was stärker ist als das Leid. Hör den Schrei meiner Seele, o Seele, die jetzt zwischen Erde und Himmel in der Unendlichkeit schwebt! Hör den jungen Mann, der dich von den Feldern zurückkehren sah, und der sich vor dir hinter den Bäumen verbarg, weil die Schönheit deines Gesichts ihm Furcht einjagte. Hör, den Priester, der Gott dient! Er ruft dich jetzt ohne Furcht, denn du hast die Stadt Gottes schon erreicht.«

Er flüsterte diese Worte; dann beugte er sich über die Tote und küsste ihre Stirn, ihre Augen und ihren Hals mit heißen, stummen Küssen, die enthüllten, was in seiner Seele an Geheimnissen der Liebe und des Leidens verborgen war. Dann hielt er plötzlich inne, ging zurück und warf sich auf die Erde. Er zitterte wie Blätter im Herbstwind, als ob die Berührung des eiskalten Gesichts der Frau in seinem Herzen ein Gefühl der Reue geweckt hätte. Er kniete sich nieder, verbarg sein Gesicht in seinen Händen und flüsterte:

»Vergib mir meine Schuld, o Herr! Verzeih meine Schwäche, Allah, denn ich vermochte nicht, bis zum Ende standhaft zu bleiben. Das Geheimnis, welches das Leben sieben Jahre lang in meinem Innern verborgen hielt, hat der Tod in einem Augenblick enthüllt. Verzeih mir, Allah! Verzeih meine Schwäche, o Herr!«

Seufzend und betend verharrte er so, indem er seinen Kopf gesenkt hielt und es vermied, die junge Tote noch einmal anzusehen, aus Furcht davor, sein Geheimnis erneut preiszugeben.

Und so fand ihn der anbrechende Morgen, der seinen rosenfarbenen Mantel über jene Gestalten ausbreitete, welche die Liebe und Religion, das Leben und den Tod darstellten.

Die Stürme 680ff.

Der Blitz

An einem stürmischen Tag war ein Bischof gerade in seiner Kathedrale, als eine Frau hereinkam. Sie trat vor den Bischof und fragte ihn: »Ich bin keine Christin. Kann ich dennoch vor dem Höllenfeuer gerettet werden?«

Der Bischof blickte die Frau an und sagte: »Nein, nur diejenigen, die mit Wasser und dem Heiligen Geist getauft sind, werden gerettet werden.«

Als er noch sprach, schlug ein Blitz in die Kathedrale ein und entzündete ein Feuer darin.

Die Männer der Stadt eilten herbei. Sie konnten nur noch die Frau retten. Der Bischof wurde ein Opfer der Flammen.

Der Wanderer 1194.

Alter Wein

Es lebte einmal ein alter Mann, der zu recht stolz war auf seinen Weinkeller und den darin gelagerten Wein. Besonders stolz war er auf einen Krug eines sehr alten, kostbaren Weines, den er für eine besondere Gelegenheit aufbewahrte.

Als der Gouverneur ihn eines Tages besuchte, sagte er sich: »Dieser Krug ist zu schade für einen einfachen Gouverneur.«
Auch als der Bischof der Diözese ihm einen Besuch abstattete, dachte er bei sich: »Nein, ich werde den Krug nicht öffnen! Er wird den Wert des Weines nicht ermessen und sein Aroma nicht zu schätzen wissen.«
Und als der Prinz des Königreichs zum Essen bei ihm war, dachte er: »Mein Wein ist zu königlich für einen einfachen Prinzen.«
Sogar an dem Tag, als sein Neffe heiratete, sagte er zu sich: »Nein, all diesen Gästen will ich meinen Wein nicht anbieten.«
So vergingen die Jahre, und er starb, und wie jede Saat wurde er der Erde anvertraut. Am Tag seiner Beerdigung holte man den Krug mit dem kostbaren alten Wein mit allen anderen Weinkrügen aus dem Keller und kredenzte ihn den Bauern der Umgebung. Und keiner von ihnen bemerkte das hohe Alter oder das besondere Aroma dieses kostbaren Weines. Für sie war alles, womit man ihre Gläser füllte, Wein – ein Wein wie jeder andere.

Der Wanderer 1215f.

Der Pfad

In einem Dorf in den Bergen des Libanon lebte eine Frau mit ihrem Sohn, der ihr einziges Kind war. Dieser Sohn starb an Fieber, während der Arzt noch zugegen war.

Erschüttert flehte die Mutter den Arzt an: »Sag mir, was es war, das sein Leben anhielt und sein Lied verstummen ließ?

Der Arzt antwortete: »Es war das Fieber.«

»Was ist das Fieber?«, wollte die Mutter wissen.

»Ich kann es nicht erklären«, sagte der Arzt. »Es ist etwas unendlich Kleines, das wir mit unseren Augen nicht sehen können. Es dringt in den Körper ein und zerstört ihn.«

Am Abend kam der Priester, um die Mutter zu trösten. Sie weinte bitterlich und rief: »Warum musste ich meinen Sohn verlieren, meinen einzigen Sohn?«

»Mein Kind«, sagte der Priester, »das ist der Wille Gottes.«

»Wer ist Gott, und wo ist er?«, fragte die Frau. »Ich will ihn sehen, damit ich ihm mein Herz öffne und mein Herzblut zu seinen Füßen ausgieße. Sag mir, wo ich ihn finden kann!«

»Gott ist unendlich groß«, sprach der Priester, »und wir können ihn mit unseren menschlichen Augen nicht wahrnehmen.«

Da rief die Frau: »Das unendliche Kleine hat meinen Sohn auf Geheiß des unendlich Großen getötet! Wer sind wir?«

In diesem Augenblick trat die Mutter der Frau mit dem Leichentuch für den Jüngling in den Raum. Sie hatte die Worte des Priesters und ihrer Tochter gehört. Sie legte das Leichentuch beiseite, nahm die Hand ihrer Tochter in ihre Hände und sagte: »Meine Tochter, wir selbst sind das unendliche Kleine und das unendlich Große, und wir sind der Pfad zwischen beiden.«

Der Wanderer 1223f.

»Wer in seinen Träumen
die Morgendämmerung umarmt,
wird bleiben«

Gedichte

Nebel, meine Schwester, weißer Atem, der noch keine Form annahm,
ich kehre zu dir zurück als weißer, lautloser Atem,
als unausgesprochenes Wort.

Nebel, meine beflügelte Schwester Nebel, wir sind nun vereint,
und wir werden vereint bleiben bis zum zweiten Tag des Lebens;
seine Morgendämmerung wird dich als Tautropfen in einen Garten legen
und mich als Säugling an die Brust einer Frau,
und wir werden uns erinnern.

Nebel, meine Schwester, ich kehre zurück,
ein Herz, das seinen Tiefen lauscht, ebenso wie dein Herz,
ein Wunsch, der pochend und ziellos ist wie der deine,
ein Gedanke ohne Kontur und Form wie der deine.

Nebel, meine Schwester, Erstgeborene meiner Mutter,
meine Hände halten noch die grünen Samen,
die du mich ausstreuen hießest,
und meine Lippen sind noch versiegelt von dem Lied,
das du mich batest zu singen.

Ich bringe dir weder Frucht noch Echo mit,
denn meine Hände waren blind
und meine Lippen unnachgiebig.

Nebel, meine Schwester, wie sehr liebte ich die Welt,
und die Welt liebte mich.
All mein Lächeln schmückte ihre Lippen,
und all ihre Tränen füllten meine Augen.
Doch ein Abgrund des Schweigens lag zwischen uns,
den sie nicht verringern wollte
und den ich nicht überwinden konnte.

Nebel, meine Schwester, meine unsterbliche Schwester,
ich sang die alten Lieder meinen kleinen Kindern vor;
sie lauschten, und Staunen war in ihren Gesichtern;
doch morgen werden sie das Lied vielleicht vergessen.
Ich weiß nicht, wem der Wind es zutragen wird.
Und war es auch nicht mein eigenes Lied,
es fand den Weg in mein Herz
und wohnte eine Weile auf meinen Lippen.

Nebel, meine Schwester, wenn auch all dies geschehen
ist,
so habe ich doch Frieden geschlossen.
Es genügte mir, für die zu singen,

die schon geboren waren.
Und wenn der Gesang auch nicht der meine ist,
so spricht er doch von meinem sehnlichsten Verlangen.

Nebel, meine Schwester! Meine Schwester Nebel,
ich bin nun eins mit dir.
Nicht länger bin ich mein eigenes Ich.
Die Mauern sind gefallen,
und die Ketten sind zerbrochen;
ich steige zu dir auf als Nebel,
und zusammen werden wir über dem Meer schweben
bis zum zweiten Tag des Lebens,
wenn die Morgendämmerung dich als Tautropfen
in einen Garten legt
und mich als Säugling an die Brust einer Frau.

Die Rückkehr des Propheten 1263ff.

Nicht ein Atom des Körpers wird vergehen
und nicht ein Hauch von Seele.
Sobald der Nordwind
den Saum des Geistes zusammenrafft,
wird sich der Ostwind erheben
und ihn entfalten.

Der Reigen 484.

Der Körper ist der Mutterschoß der Seele,
diese bleibt dort – einem Embryo gleich –
bis zu ihrer Reife,
dann verlässt sie den Körper.
Und der Todestag ist nichts anderes
als der Tag der Niederkunft
ohne Fehlgeburt und Kaiserschnitt.

Der Reigen 488.

Der Tod auf Erden
ist für Erdenkinder ein Ende,
für Geistwesen hingegen
bedeutet er Beginn und Sieg.
Wer in seinen Träumen
die Morgendämmerung umarmt,
wird bleiben.
Doch wer die ganze Nacht verschläft,
wird vergessen werden.
Wer der Erde anhaftet,
wird ihr verhaftet bleiben
bis zum Erlöschen der Venus.
Der Tod gleicht dem Meer,
der Leichte durchquert es mühelos,
während der Schwere untergeht.

Der Reigen 490.

Im Wald gibt es weder Tod noch Gräber;
wenn auch der April vergeht,
so nimmt er die Freude nicht mit.
Die Angst vor dem Tod ist Illusion,
die sich im Herzen verflüchtigt;
wer einen Frühling lang lebte,
gleicht dem,
der eine Ewigkeit gelebt hat.

Der Reigen 491.

O Seele, wenn der Unwissende sagt, dass der Geist
– dem Körper gleich – vergeht und dass nie
wiederkehrt, was vergangen ist,
dann sag ihm, dass die Blumen welken, während
das Samenkorn bleibt,
und dies ist die Substanz der Ewigkeit.

Erde und Seele 857.

Der sterbende Geier

Warte, warte noch eine Weile,
mein begieriger Freund!
Ich werde noch früh genug

diese schwindende Hülle abwerfen,
dessen übermäßige Agonie
deine Geduld erschöpft.
Ich will deinen redlichen Hunger
nicht zu lange harren lassen
auf das Zerrinnen dieser Augenblicke.

Doch die Kette aus Atemzügen
ist schwer zu zerbrechen,
und der Wille zu sterben,
der stärker ist als alles Starke,
wird noch zurückgehalten
vom Willen zum Leben,
der schwächer ist als alles Schwache.
Verzeih Gefährte, ich säume zu lange!
Es ist die Erinnerung,
die meinen Geist noch aufhält.

Ein Reigen aus fernen, entfernten Tagen,
die Vision einer im Traum erlebten Jugend,
ein Antlitz, das mir zulächelt,
eine Stimme, die in meinen Ohren nachhallt,
eine Hand, die meine Hand berührt ...
Verzeih, dass ich dich so lange warten ließ!

Es ist nun vorbei, und alles ist entflohen,
das Antlitz, die Stimme, die Hand
und der Durst, der sie erstehen ließ.
Der Knoten ist aufgeknüpft,
und das Band ist zerschnitten.
Komm, nähre dich,
mein hungriger Freund!
Die Tafel ist bereitet!
Wohl ist das Mahl kärglich,
doch wird es mit Liebe dargeboten.

Komm, und stoße deinen Schnabel
hier in die linke Seite!
Befreie aus seinem Käfig
diesen kleinen Vogel,
dessen Flügel sich kaum mehr bewegen.
Ich will, dass er mit dir zusammen
sich in den Himmel erhebt.
Komm, in dieser Nacht
bin ich dein Gastgeber
und du mein willkommener Gast.

Der Vorbote 731f.

»Der Tod ändert nichts außer den Masken, die unsere Gesichter verhüllen«

Weisheitliches

Vom Tod

Dann sagte al-Mitra: Wir möchten dich nun bitten, über den Tod zu sprechen!
Und er sprach: Ihr möchtet das Geheimnis des Todes kennen.
Wie wollt ihr es kennen, wenn ihr nicht im Herzen des Lebens danach sucht?
Die Eule, deren nachtsehende Augen am Tag blind sind, kann das Geheimnis des Lichtes nicht entschleiern.
Wenn ihr wirklich den Geist des Todes betrachten wollt, so öffnet eure Herzen weit dem Körper des Lebens!
Denn Leben und Tod sind eins, so wie Fluss und Meer eins sind.
In der Tiefe eures Hoffens und Wünschens liegt euer stillschweigendes Wissen vom Jenseits.
Und dem Samen gleich, der unter dem Schnee träumt, träumt euer Herz vom Frühling.
Traut euren Träumen, denn sie zeigen euch das Tor zur Ewigkeit.

Eure Angst vor dem Tod ist nur das Zittern des Hirten, wenn er vor dem König steht, der ihm seine Hand auflegt zum Zeichen der Wertschätzung.

Ist dieser Hirte nicht unter seinem Zittern voller Freude über das Zeichen des Königs, das er trägt?
Und ist er sich deshalb seines Zitterns weniger bewusst?
Was bedeutet Sterben anderes, als nackt im Wind zu stehen und in der Sonne zu schmelzen?

Und was bedeutet das Stocken des Atems anderes als seine Befreiung vom rastlosen Auf und Ab der Gezeiten, um sich zu erheben und zu entfalten und ungehindert Gott zu suchen.
Nur wenn ihr vom Fluss des Schweigens trinkt, werdet ihr wahrhaft singen;
erst wenn ihr den Berggipfel erklommen habt, werdet ihr anfangen, emporzusteigen.
Und erst wenn die Erde eure Glieder zurückgefordert hat, werdet ihr wahrhaft tanzen.

Der Prophet 923f.

Und wenn der Tod sich nähert und auf der Bühne unseres Lebens die letzte Szene gespielt wird, hören wir ernste, getragene Musik. In dieser Stunde, da die Seele Abschied nimmt vom Ufer dieser schönen Welt und ins Meer der Ewigkeit eintaucht, ist die Luft von Trauer geschwängert. Die Totenkläger verleihen dem Leid in ihren Elegien Ausdruck, wenn sie dem Toten das letzte Geleit geben. Sie singen ihre Trauerlieder, solange sich der Tote noch über der Erde befindet. Ist er schließlich beerdigt, so bleibt das Echo ihrer Gesänge in den Falten der Herzen, solange sich ein Herz an den Verstorbenen erinnert.

Die Musik 19.

Der Tod streckt seine Hand aus und schlägt heftig zu – und man leidet unter dem Verlust eines Freundes. Doch kaum sind ein Tag und eine Nacht vergangen, da spürt man die zarte Berührung der Finger des Lebens, und man kann wieder lächeln und wird wieder froh.

Rebellische Geister 77f.

Die feurigen Buchstaben

Werden die Nächte so an uns vorbeiziehen? Werden sie von den Schritten der Jahrhunderte zermalmt werden? Werden die Epochen uns überrollen? Und wird von uns nichts bleiben als ein Name, der mit Wasser statt mit Tinte geschrieben ist?

Wird dieses Licht verlöschen, diese Liebe vergehen und diese Sehnsucht verebben? Wird der Tod alles vernichten, was wir aufgebaut haben, und der Wind alles zerstreuen, was wir sagten? Wird die Finsternis alles verbergen, was wir taten?
Ist das unser Leben? Ist es eine Vergangenheit, die vorüber ist und deren Spuren verwischt sind? Ist es eine Gegenwart, die wie die Vergangenheit verläuft? Wird alles vergehen, was unserem Herzen Freude machte oder was es betrübte – ohne dass wir den Sinn erfahren? Wird der Mensch der Gischt des Meeres gleichen, die einen Augenblick an der Oberfläche erscheint; doch sobald ein Sturm aufkommt, fegt er sie weg, und es ist, als hätte sie nie existiert?
Nein, bei meinem Leben, die Wahrheit des Lebens ist das Leben: ein Leben, das nicht im Mutterschoß beginnt und nicht im Grab endet. Seine Jahre sind Augenblicke ohne Anfang und ohne Ende. Dieses Leben in der Welt ist – mit allem, was es enthält – ein Traum. Das Erwachen aus diesem Traum ist der Tod. Alles, was wir in diesem Traum gesehen und getan haben, hat Bestand in Gott.
Der Sephir birgt jedes Lächeln und jeden Seufzer unseres Herzens und jeden Kuss, den die Liebe gebiert. Die Engel Gottes zählen jede Träne, die wir aus Trauer ver-

gießen. Sie wiederholen in Hörweite der schwebenden Geister des unendlichen Kosmos jedes Lied, das die Freude uns entlockte. In der zukünftigen Welt werden wir allen Wellenbewegungen unserer Gefühle und jedem Erschauern unseres Herzens wieder begegnen, und wir werden unsere göttliche Natur erkennen, die wir in unserer Verzagtheit nicht beachtet haben.

Alle Irrtümer, die wir heute als Schwäche abtun, werden uns als Glieder in der Kette unseres Daseins erscheinen, die für die Kontinuität unseres Lebens notwendig waren.

Unsere Mühen, für die wir hier nicht belohnt wurden, werden mit uns überleben und uns zur Ehre gereichen. Und alle Einschränkungen und Schicksalsschläge, die wir geduldig ertragen haben, werden unseres Ruhmes Krone sein.

Hätte Keats* gewusst, dass selbst der Gesang der Nachtigall nicht aufhört, im Herzen der Menschen die Schönheitsliebe zu wecken, so hätte er vielmehr gesagt: Schreibt auf meinen Grabstein: Hier ruhen die sterblichen Überreste dessen, der seinen Namen mit feurigen Buchstaben in den Himmel geschrieben hat.

Eine Träne und ein Lächeln 315f.

* John Keats (1795–1821), Dichter der englischen Romantik

Jenseits des Todes werde ich weiterleben und euren Ohren singen,
auch nachdem mich die Wellen in die Tiefen des Meeres zurückgetragen haben.
Körperlos werde ich an eurem Tisch sitzen
und euch als unsichtbarer Geist auf die Felder begleiten.
Ich werde mit euch am Feuer sitzen als unbemerkter Gast.
Der Tod ändert nichts außer den Masken, die unsere Gesichter verhüllen.
Der Förster bleibt ein Förster, der Bauer ein Bauer.
Und wer sein Lied dem Wind sang, wird es auch den Sphären singen.

Die Rückkehr des Propheten 1262.

In mir wohnt, der mich erschuf und mein Herz weit machte; in mir ist der Tod und das Grab, die Erneuerung und Auferstehung.

Erde und Seele 853.

Die Schönheit des Todes

Lasst mich schlafen, denn meine Seele ist trunken von Liebe! Lasst mich ruhen, denn mein Geist ist gesättigt vom Leben!
Zündet Kerzen an und verbrennt Weihrauch an meinem Lager! Streut Blütenblätter von Rosen und Narzissen auf meinen Körper und bestäubt meine Haare mit zerriebenem Moschus!
Gießt duftende Öle über meine Füße aus!
Dann schaut und lest, was die Hand des Todes auf meine Stirn geschrieben hat!

Lasst mich versinken in die Arme des Schlafes, denn meine Lider sind des Wachens müde!
Zupft eure Lauten und lasst die Klänge ihrer silbernen Saiten an mein Ohr dringen!
Blast Pfeifen und Flöten und webt aus ihren süßen Melodien einen Schleier um mein Herz, das Herz, das sich seinem Ende nähert!
Singt mir Lieder von Ruha, und aus ihren lieblichen Texten breitet eine Matte für meine Gefühle aus!
Dann schaut, und ihr werdet einen Hoffnungsstrahl in meinen Augen finden!

Trocknet eure Tränen, Freunde, und erhebt eure Köpfe, wie die Blumen bei der Ankunft der Sonne ihr ihre Gesichter zuwenden!
Seht die Braut des Todes wie eine Lichtsäule zwischen meinem Lager und dem Firmament stehen!
Haltet euren Atem eine Weile an und hört mit mir auf das Rascheln ihrer weißen Flügel!

*

Kommt Freunde, und sagt mir Lebwohl!
Küsst meine Stirn mit lächelnden Lippen! Küsst meine Lippen mit euren Augen und meine Augen mit euren Lippen!
Lasst eure Kinder näher treten, damit sie meinen Hals mit ihren rosigen Fingern berühren!
Führt die Alten an mein Lager, damit sie meine Stirn mit ihren welken Händen segnen!
Lasst die Töchter des Dorfes kommen, damit sie Gottes Schatten in meinen Augen sehen und das Echo der Melodie der Ewigkeit hören, die mit meinem Atem wetteifert!

Die Trennung

Nun habe ich den Gipfel des Berges erreicht, und mein Geist schwebt in einer Atmosphäre von Freiheit und Erlösung. Ich bin weit weit entfernt von euch, Freunde.
Nebel bedeckt die Gipfel der Berge und entzieht sie meinen Blicken. Die Weite der Täler ist eingetaucht in ein Meer des Schweigens, und die Hand des Vergessens hat die Wege und Pfade verwischt; Wiesen und Täler verbergen sich hinter Fantomen, die weiß wie Frühlingswolken sind, gelb wie Sonnenstrahlen und rot, wie der Himmel beim Sonnenuntergang.
Die Lieder der Wellen des Meeres sind verklungen – ebenso wie das Plätschern des Baches in den Feldern.
Die Stimmen der Menschen sind verstummt, und ich höre nichts als die Hymne der Ewigkeit, die sich der Sehnsucht meiner Seele zugesellt.

Die Ruhe

Entfernt das Leinentuch von meinem Körper und hüllt mich stattdessen in Blätter von Lilien und Jasmin!
Nehmt meine Gebeine aus diesem Elfenbeinsarg und legt sie auf ein Lager aus Orangenblüten!
Hört auf zu klagen, Freunde, sondern singt Lieder der Jugend und der Freude!

Vergieße keine Tränen um mich, Tochter der Felder, stimme vielmehr Lieder an, welche die Erntezeit und Weinlese besingen!
Beschwert mein Herz nicht mit euren Seufzern und Klagen, sondern schreibt mit euren Fingern die Symbole von Liebe und Freude auf meine Brust!
Stört nicht die Ruhe der Atmosphäre mit dem Totengesang der Priester, sondern lasst eure Herzen mit meinem Jubeln, um die Unsterblichkeit zu preisen!
Tragt keine schwarzen Trauerkleider! Legt weiße Festtagskleider an, um mit mir die Ewigkeit zu feiern!
Sprecht nicht mit Bedauern über meinen Weggang!
Schließt eure Augen, und ihr werdet mich unter euch sehen, jetzt, morgen und immer.
Legt mich auf blühende Zweige, dann hebt mich auf eure Schultern und bringt mich ins Freie!
Bringt mich nicht auf den Friedhof, denn das Gedränge stört meine Ruhe, und das Geklapper der Knochen und Totenschädel raubt mir den Schlaf!
Tragt mich in den Zypressenwald und begrabt mich an einer Stelle, wo Veilchen und Mohnblumen blühen!
Grabt mein Grab tief, damit die Wassermassen im Frühling meine Knochen nicht ins Tal schwemmen!
Grabt mir ein breites Grab, damit die Geister der Nacht an meiner Seite sitzen können!

Werft diese Kleider weg und legt mich nackt ins Herz der Erde, legt mich sanft auf die Brust meiner Mutter und Erde, bedeckt mich mit der weichen Erde!
Unter jede Handvoll Erde mischt Samen von Lilien, Jasmin und wilden Rosen, damit sie auf meinem Grab wachsen, genährt von den Elementen meines Körpers!
Sie werden wachsen und den Duft meines Herzens verbreiten; sie werden sich erheben und dem Gesicht des Himmels das Geheimnis meiner Ruhe zeigen.
Ihr Duft wird sich mit der Brise mischen und den Vorübergehenden mein Leben erzählen – mit seinen Wünschen und Träumen.

Dann lasst mich allein, Freunde! Lasst mich allein, und entfernt euch mit leisen Schritten – wie das Schweigen in den weiten Tälern!
Lasst mich allein, und trennt euch von mir in aller Stille, wie sich die Blüten der Mandel- und Apfelbäume zerstreuen, wenn der Aprilwind vorbeizieht!
Kehrt in eure Häuser zurück, und dort findet ihr, was der Tod mir und euch nicht wegnehmen kann!
Verlasst diesen Platz nun, denn der, den ihr sucht, hat sich weit entfernt aus dieser Welt.

Eine Träne und ein Lächeln 430ff.

»Er ist lebendig
bis in alle Ewigkeit«

Jesus von Nazareth

Der gekreuzigte Jesus

Du, mächtiger Gekreuzigter, der du von der Höhe Golgathas aus den Reigen der Jahrhunderte betrachtest, den Lärm der Nationen hörst und die Träume der Ewigkeit vernimmst, während du blutbefleckt am Holz des Kreuzes hängst, du bist erhabener und würdiger als tausend Könige auf tausend Thronen in tausend Königreichen. Du bist zwischen deiner Agonie und deinem Tod mächtiger als tausend Heerführer in tausend Armeen auf tausend Schlachtfeldern. Du bist in deiner Betrübnis heiterer als der Frühling mit seinen Blumen, du bist mit deinen Schmerzen sanfter als die Engel im Himmel, und zwischen deinen Henkern bist du freier als das Sonnenlicht.

Die Dornenkrone auf deinem Kopf ist ehrenvoller und prächtiger als die Krone von Bahram, der Nagel in deiner Handfläche ist kostbarer als das Szepter Jupiters, und die Blutstropfen auf deinen Füßen leuchten strahlender als die Rubine Astartes!

Verzeih den Schwachen, die dich beweinen! Sie wissen nicht, dass sie über sich selber weinen sollten. Verzeih ihnen, denn sie wissen nicht, dass du durch deinen Tod den Tod besiegt hast und dass du denjenigen, die in den

Gräbern lagen, durch deinen Tod das Leben geschenkt hast.

Die Stürme 554.

Philippus

Als unser Geliebter starb, starb die ganze Menschheit mit Ihm, alle Dinge waren eine Weile leblos, stumm und grau. Dann verfinsterte sich der Osten, ein heftiger Sturm kam auf und fegte über das ganze Land. Die Augen des Himmels öffneten sich, und ein Platzregen ergoss sich in Strömen über die Erde und schwemmte das Blut hinweg, das von Seinen Händen und Füßen floss. Auch ich starb. Doch in der Tiefe meiner Selbstvergessenheit hörte ich Ihn sagen: »Vater, vergib ihnen, denn sie wissen nicht, was sie tun!«

Und Seine Stimme bohrte sich in mein betäubtes Bewusstsein und meinen ertrinkenden Geist, und sie brachte mich ans sichere Ufer zurück.

Ich öffnete meine Augen und sah Seinen weißen Körper an einer Wolke. Seine Worte, die ich gerade gehört hatte, wirkten in mir, und ich wurde ein neuer Mensch. Ich hörte auf zu trauern und zu klagen.

Denn wer trauert über ein Meer, das Sein Antlitz enthüllt, oder über ein Gebirge, das in der Sonne lacht?
Hat es jemals ein Menschenherz gegeben, das zu solchen Worten fähig war, während die Lanze es durchbohrte?
Welcher andere Menschenrichter sprach Seine Richter frei? Hat die Liebe je den Hass mit einer größeren Selbstsicherheit herausgefordert?
Hat man je den Schall einer solchen Trompete zwischen Himmel und Erde vernommen?
Gab es das jemals zuvor, dass der Geschlachtete Mitleid hatte mit Seinen Mördern? Oder dass ein Meteor Seinen Lauf für einen Maulwurf aufhielt?
Die Jahreszeiten werden sich erschöpfen und die Jahre altern, bevor jene Worte sich abnutzen: »Vater, vergib ihnen, denn sie wissen nicht, was sie tun.«
Du und ich werden sie im Gedächtnis bewahren, auch wenn wir mehrere Male wiedergeboren werden.
Und nun will ich in mein Haus gehen und vor Seiner Tür stehen als ein reich beschenkter Bettler.

Jesus Menschensohn 1103f.

Eine Frau, eine der Nachbarinnen Marias

Am vierzigsten Tag nach Seinem Tod kamen alle Nachbarinnen in Marias Haus, um sie zu trösten und Klagelieder anzustimmen. Und eine der Frauen sang dieses Lied:

Wohin entfernst du dich, mein Frühling, wohin?
In welche Räume verströmst du deinen Wohlgeruch?
Welche Felder durchschreitest du,
und zu welchem Himmel blickst du auf,
um dein Herz zu erleichtern?

Unsere Täler werden unfruchtbar sein,
und unsere Felder werden vertrocknen.
Alles Grün wird in der Sonne welken,
unsere Obstgärten werden saure Äpfel hervorbringen
und unsere Weinberge bittere Trauben.
Wir werden nach deinem Wein dürsten
und uns nach deinem Duft sehnen.

Wohin gehst du, Blüte unseres ersten Frühlings, wohin?
Wirst du nicht mehr zurückkehren?
Wird dein Jasmin uns nicht mehr bezaubern?

Werden deine Alpenveilchen unseren Wegrand nicht mehr schmücken
und uns daran erinnern,
dass auch wir tief in der Erde wurzeln
und dass unser Atem sich beständig zum Himmel erhebt?

Wohin begibst du dich, Jesus,
Sohn meiner Nachbarin Maria
und Freund meines Sohnes?
Wohin wendest du dich, du unser erster Frühling?
Und welche Felder durchschreitest du nun?
Wirst du jemals zu uns zurückkehren?
Wirst du in der Flut deiner Liebe
die unfruchtbaren Strände unserer Träume überschwemmen?

Jesus Menschensohn 1113f.

Simon von Cyrene

Ich war auf dem Weg zu meinem Feld, als ich Ihn das Kreuz tragen sah; eine Menschenmenge folgte Ihm. Und auf einmal ging auch ich hinter Ihm her.

Die Last, die Er trug, veranlasste Ihn, mehrmals anzuhalten, denn Sein Körper war kraftlos und erschöpft.
Da kam ein römischer Soldat auf mich zu und sagte:
»Komm, du bist stark gebaut, trag das Kreuz dieses Mannes!«
Bei diesen Worten wurde mein Herz weit, und ich war dankbar. Und ich trug Sein Kreuz.
Es war schwer, denn es war aus Pappelholz, das durchtränkt war vom Regen des Winters.
Jesus schaute mich an, und der Schweiß Seiner Stirn perlte über Seinen Bart. Wieder sah Er mich an und sagte:
»Musst auch du aus diesem Becher trinken? Wahrlich, du wirst dich bis zum Ende der Zeiten daran laben.«
Indem Er dies sagte, legte Er Seine Hand auf meine freie Schulter, und wir schritten gemeinsam zum Kalvarienberg. Doch nun fühlte ich das Gewicht des Kreuzes nicht mehr. Ich fühlte nur noch Seine Hand. Und sie lag wie der Flügel eines Vogels auf meiner Schulter.
Dann erreichten wir den Gipfel des Berges, wo sie Ihn kreuzigten. Und ich fühlte erneut das Gewicht des Baumes. Er sprach kein Wort, als sie die Nägel in Seine Hände und Füße schlugen, noch drang irgendein Laut aus Seinem Mund. Seine Glieder zuckten nicht einmal unter den Hammerschlägen. Es schien, als wären Seine

Hände und Füße vorher gestorben, und sie könnten das Leben nur wieder erlangen, wenn sie in Blut gebadet würden. Man hätte sogar annehmen können, dass Er die Nägel begehrte wie ein Prinz das Zepter und dass Er sich danach sehnte, auf diesem Gipfel erhöht zu werden.
Mein Herz dachte nicht daran, Ihn zu bemitleiden, denn es war erfüllt von Staunen.
Und nun ist der Mann, dessen Kreuz ich trug, mein Kreuz geworden. Wenn sie mir noch einmal sagen würden: »Trag das Kreuz dieses Mannes!«, so würde ich es tragen, bis mein Weg an meinem Grab endet. Doch ich würde Ihn bitten, Seine Hand auf meine Schulter zu legen.
Dies geschah vor vielen Jahren. Aber immer noch, wenn ich die Furchen meines Feldes entlanggehe, und jedes Mal vor dem Einschlafen denke ich an diesen geliebten Mann. Und ich fühle Seine flügelleichte Hand hier auf meiner Schulter.

Jesus Menschensohn 1126f.

Die Frau von Byblos, ein Klagelied

Weint mit mir, Töchter der Astarte,
und alle, die Tamuz lieben,
lasst eure Herzen tauen

und blutige Tränen weinen,
denn der Gott aus Gold und Elfenbein
ist nicht mehr.
Im finsteren Wald besiegte Ihn der Keiler,
dessen Hauer Sein Fleisch durchbohrten.
Nun liegt Er da,
begraben unter den Blättern von gestern.
Seine Fußspuren werden die Saaten nicht mehr wecken,
die im Herzen des Frühlings schlummern.
Beim Morgenrot wird Seine Stimme nicht mehr
an mein Fenster dringen,
und ich werde für immer alleine sein.

Weint mit mir, Töchter der Astarte,
und alle, die Tamuz lieben,
denn mein Geliebter ist entflohen,
Er, dessen Rede den Flüssen glich,
dessen Stimme eine Zwillingsschwester der Zeit war.
Sein Mund war die in Süßigkeit verwandelte rote Wunde,
und auf Seinen Lippen wurde Galle zu Honig.

Weint mit mir, Töchter der Astarte,
und alle, die Tamuz lieben;
um Sein Totenlager geschart weint mit mir,
wie die Sterne weinen!

Weint wie die mondförmigen Blütenblätter,
die auf Seinen verwundeten Körper fallen!
Nässt mit euren Tränen die seidenen Decken meines Bettes,
wo in meinen Träumen einst mein Geliebter lag,
den ich nicht mehr fand, als ich erwachte.

Ich flehe euch an,
Töchter der Astarte,
und alle, die Tamuz lieben,
entblößt eure Brüste, weint
und tröstet mich,
denn Jesus von Nazareth ist tot.

Jesus Menschensohn 1129f.

Maria Magdalena, dreißig Jahre später

Noch einmal wiederhole ich, dass Jesus den Tod durch den Tod besiegte und dass Er vom Grabe auferstand als ein Geist und eine Kraft. Er durchschritt unsere Einsamkeit und besuchte die Gärten unserer Passion. Er liegt nicht mehr dort in der Felsenspalte hinter dem Stein.
Wir, die wir Ihn liebten, sahen Ihn mit diesen unseren Augen, die Er sehend machte, und wir berührten Ihn

mit diesen unseren Händen, die Er lehrte, weiter als gewöhnlich zu reichen.
Ich kenne euch, die ihr nicht an Ihn glaubt. Ich war eine von euch. Jetzt seid ihr noch zahlreich, aber eure Zahl wird schnell abnehmen.
Ist es nötig, dass man eine Harfe oder Leier zerbricht, um die Musik darin zu entdecken?
Ist es erforderlich, einen Baum zu fällen, um daran glauben zu können, dass er Früchte trägt?
Ihr lehnt Jesus ab, weil jemand aus dem Land des Nordens behauptete, dass Er Gottes Sohn sei. Und ihr verachtet euch gegenseitig, weil jeder von euch sich zu erhaben dünkt, um der Bruder seines Nächsten zu sein.
Ihr hasst Ihn, weil jemand behauptete, dass Er von einer Jungfrau geboren wurde und nicht aus dem Samen eines Mannes. Ihr kennt nämlich weder Mütter, die als Jungfrauen begraben werden, noch Männer, die, an ihrem eigenen Durst erstickt, zu Grabe getragen werden.
Ihr wisst nicht, dass die Erde mit der Sonne vermählt wurde und dass es die Erde ist, die uns in die Berge und Wüsten aussendet.
Es gibt einen klaffenden Abgrund zwischen denjenigen, die Ihn lieben, und denjenigen, die Ihn hassen, zwischen denen, die an Ihn glauben, und denen, die nicht an Ihn glauben.

Wenn aber die Jahre eine Brücke über diesen Abgrund geschlagen haben werden, dann werdet ihr wissen, dass derjenige, der in uns lebte, unsterblich ist, dass Er der Sohn Gottes ist, wie wir selber Kinder Gottes sind, dass Er aus einer Jungfrau geboren wurde, wie wir aus der Erde geboren werden, die – ohne einen Gemahl zu kennen – das Leben schenkt.
Es mag seltsam erscheinen, dass die Erde den Ungläubigen weder die Wurzeln verleiht, um sie an ihrer Brust zu stillen, noch die Flügel, damit sie sich in die Lüfte aufschwingen und am Tau des Himmels erquicken.
Ich aber weiß, was ich weiß, und das genügt mir.

Jesus Menschensohn 1130f.

Jerusalem konnte den Nazaräer nicht töten, denn er ist lebendig bis in alle Ewigkeit; und Athen konnte Sokrates nicht zum Schweigen bringen, denn er lebt ewig. Spott und Ironie vermögen diejenigen nicht zu besiegen, die der Menschlichkeit ein Ohr leihen und den Spuren der Göttlichkeit folgen, denn sie werden ewig leben.

Eine Träne und ein Lächeln 452f.

»Der Tod verändert uns nicht;
er befreit nur,
was in uns ist«

Aus Khalil Gibrans Liebesbriefen

Liebe Mary,
ich habe meinen Vater verloren, geliebte Mary. Er starb in dem alten Haus, wo er vor 65 Jahren geboren wurde. Bei der Lektüre seiner letzten Briefe vergieße ich jedes Mal bittere Tränen. Seine Freunde schrieben mir, dass er mich segnete, bevor sein Ende kam. Ich weiß nun, liebe Mary, dass er am Herzen Gottes ruht, und dennoch quälen mich Sorge und Bedauern. Ich fühle die schwere Hand des Todes auf meiner Stirn. Ich sehe die dunklen Schatten vergangener Zeiten, als er, meine Mutter, mein Bruder und meine jüngste Schwester noch vor dem Angesicht der Sonne lebten und lächelten. Wo sind sie nun? Sind sie alle zusammen? Erinnern sie sich an die Vergangenheit wie wir? Sind sie unserer Welt nahe oder weit entrückt? Ich weiß, liebe Mary, dass sie leben. Sie leben ein wirklicheres und schöneres Leben als wir. Sie sind Gott näher als wir.
Der siebenfache Schleier schwebt nicht länger zwischen ihren Augen und der Wahrheit. Sie spielen nicht mehr Verstecken mit dem Geist. Ich fühle all dies, geliebte Mary, und dennoch quälen mich Sorge und Bedauern.
Und Du – lieber, süßer Trost –, Du bist jetzt auf Hawaii, auf den von der Sonne verwöhnten Inseln. Du bist auf der anderen Seite des Planeten. Deine Tage sind Nächte

in Paris. Du gehörst einer anderen Zeitrechnung an. Und dennoch bist Du mir so nah. Du gehst an meiner Seite, wenn ich alleine bin; am Abend sitzt Du mir gegenüber am anderen Tischende und unterhältst mich, wenn ich arbeite. Und dann gibt es Zeiten, in denen es mir vorkommt, als ob Du nicht hier auf Erden wärest.

Geliebte Mary 14.

Ich habe vieles zu sagen über das Leben nach dem Tod. Ich werde es jetzt noch nicht tun. Doch ich fühle es und werde es wahrscheinlich immer fühlen, dass das »Ich« in mir nicht zugrunde gehen wird. Es wird sich nicht auflösen im großen Meer, das wir Gott nennen.

Geliebte Mary 34.

Geliebte Mary,
ich kann jetzt nicht viel sagen über das, was mein Herz und meine Seele erfüllt. Ich fühle mich wie ein besätes Feld im Winter, das weiß, dass der Frühling kommen wird. Meine Bäche werden fließen, und das kleine Leben, das in mir schläft, wird an die Oberfläche drängen. Das Schweigen ist schmerzlich, aber in der Stille nehmen die Dinge Form an, und wir brauchen nur zu war-

ten und zu beobachten. In uns, in unseren geheimen Tiefen liegt das wissende Element, das sieht und hört, was wir nicht sehen und hören. All unsere Wahrnehmungen, alles, was wir taten und was wir heute sind, wohnte einst in diesen wissenden, schweigenden Tiefen, in diesem Schatzzimmer unserer Seele. Wir sind mehr, als wir denken. Wir sind mehr, als wir wissen. Und das, was mehr ist, als wir denken und wissen, ist ständig auf der Suche nach mehr Sein, während wir nichts tun oder vielmehr denken, dass wir nichts tun. In dem Maße, indem uns bewusst wird, was in unseren Tiefen vorgeht, sind wir diesem Prozess von Nutzen. Wenn das Unterbewusstsein zum Bewusstsein gelangt, so werden die winterlichen Saaten in uns zu Blumen werden, und das stille Leben in uns wird aus voller Brust singen.
Dieses Leben offenbart bereits viel von dem, was wir nicht wissen - doch es ist das Leben nach dem Tod, das uns alles offenbaren wird.

Geliebte Mary 94.

Nein, Mary, der Tod verändert uns nicht; er befreit nur, was in uns ist – unser Bewusstsein und die sozialen Erinnerungen unseres Bewusstseins.

Geliebte Mary 97.

Die Seele verliert ihre angeborenen Eigenschaften nicht, wenn sie Gott erreicht. Auch das Salz verliert den Salzgehalt nicht im Meer; diese Eigenschaften sind wesenseigen und ewig. Die Seele wird das Bewusstsein, das Streben nach mehr Selbstverwirklichung und die Sehnsucht nach dem, was jenseits von ihr ist, behalten. In aller Ewigkeit wird die Seele diese Eigenschaften bewahren, und wie andere Elemente in der Natur wird sie absolut bleiben. Und das Absolute strebt nach mehr Absolutheit und mehr Kristallisation.
Wenn die Seele Gott erreicht, wird ihr bewusst sein, dass sie in Gott ist und dass sie danach strebt, in Gott mehr sie selbst zu sein; und sie wird erfahren, dass auch Gott wächst, sucht und sich kristallisiert.

Geliebte Mary 93.

Könnten sich die Tore der Ewigkeit nicht wenigstens für eine Minute öffnen, damit wir sehen, was sie an Geheimnissen und Mysterien verbergen? Ist es nicht möglich, dass ihr uns ein einziges Wort offenbart über jene geheimnisvollen, wirksamen und mächtigen Ordnungen, die uns in diesem Leben umgeben, bevor der Tod seinen weißen Schleider auf unser Gesicht legt?

Liebebriefe 42.

Mary, meine liebe Freundin,
heute habe ich erfahren, dass Dein Vater die Reise hinter den goldenen Horizont angetreten hat und dass er jenes Ziel erreicht hat, zu dem wir alle unterwegs sind ... Was kann ich Dir sagen? Du, Mary, bist unerreichbar in Deinem Denken und weit entfernt von den Gemeinplätzen der Menschen, die sie bei einer solchen Gelegenheit vortragen, um ihre Anteilnahme zum Ausdruck zu bringen.
Doch in meinem Herzen gibt es den Wunsch, mich vor Dich hinzustellen, und das Verlangen, Deine Hand schweigend in meine Hand zu nehmen, mit Dir alles zu teilen, was Deine Seele überflutet, und zu fühlen, was Du fühlst, soweit dies jemand vermag, der Dir nahesteht und dennoch ein Fremder ist.
Möge Gott Dich segnen, Mary! Möge er Dich jeden Tag und jede Nacht schützen! Und möge er Dich Deinem Freund erhalten.

Liebesbriefe 115.

Bibliografie

Khalil Gibran, Geliebte Mary. Briefe von Khalil Gibran an Mary Elizabeth Haskell. Aus dem Englischen übertragen und eingeleitet von Ursula Assaf-Nowak, Zürich-Düsseldorf 2001

Khalil Gibran, Liebesbriefe an May Ziadeh. Hrsg., übersetzt aus dem Arabischen und eingeleitet von Ursula und Simon Yussuf Assaf, Zürich-Düsseldorf 2000

Khalil Gibran, Sämtliche Werke. Hrsg. von Ursula und Simon Yussuf Assaf, Düsseldorf 2003

VERLAGSGRUPPE PATMOS

PATMOS
ESCHBACH
GRÜNEWALD
THORBECKE
SCHWABEN

Die Verlagsgruppe
mit Sinn für das Leben

MIX
Papier aus verantwortungsvollen Quellen
FSC® C095359

Für die Schwabenverlag AG ist Nachhaltigkeit ein wichtiger Maßstab ihres Handelns. Wir achten daher auf den Einsatz umweltschonender Ressourcen und Materialien. Dieses Buch wurde auf FSC®-zertifiziertem Papier gedruckt. FSC (Forest Stewardship Council®) ist eine nicht staatliche, gemeinnützige Organisation, die sich für eine ökologische und sozial verantwortliche Nutzung der Wälder unserer Erde einsetzt.

www.patmos.de

Umschlaggestaltung: Finken & Bumiller, Stuttgart
Druck: Himmer AG, Augsburg
Hergestellt in Deutschland
ISBN 978-3-8436-0237-2